BEI GRIN MACHT SICH IHR WISSEN BEZAHLT

- Wir veröffentlichen Ihre Hausarbeit,
  Bachelor- und Masterarbeit

- Ihr eigenes eBook und Buch -
  weltweit in allen wichtigen Shops

- Verdienen Sie an jedem Verkauf

Jetzt bei www.GRIN.com hochladen
und kostenlos publizieren

Bibliografische Information der Deutschen Nationalbibliothek:

Die Deutsche Bibliothek verzeichnet diese Publikation in der Deutschen National-bibliografie; detaillierte bibliografische Daten sind im Internet über http://dnb.d-nb.de/ abrufbar.

Impressum:

Copyright © 2008 GRIN Verlag, Open Publishing GmbH
Druck und Bindung: Books on Demand GmbH, Norderstedt Germany
ISBN: 9783640659142

Dieses Buch bei GRIN:

http://www.grin.com/de/e-book/153484/lesart-zu-hans-falladas-wolf-unter-woelfen-1937

Susanne Ditz

Lesart zu Hans Falladas "Wolf unter Wölfen"(1937)

GRIN Verlag

GRIN - Your knowledge has value

Der GRIN Verlag publiziert seit 1998 wissenschaftliche Arbeiten von Studenten, Hochschullehrern und anderen Akademikern als eBook und gedrucktes Buch. Die Verlagswebsite www.grin.com ist die ideale Plattform zur Veröffentlichung von Hausarbeiten, Abschlussarbeiten, wissenschaftlichen Aufsätzen, Dissertationen und Fachbüchern.

Besuchen Sie uns im Internet:

http://www.grin.com/

http://www.facebook.com/grincom

http://www.twitter.com/grin_com

Universität Potsdam
Institut für Germanistik
Grundkurs: Das Werk Hans Falladas in den 1930ern
Wintersemester 2007/08

Lesart zu Hans Falladas „Wolf unter Wölfen"

Susanne Ditz
Afrikawissenschaften/Germanistik
7. Semester/5. Semester
Abgabedatum:01.03.2008

Der Roman *Wolf unter Wölfen* von Hans Fallada erschien 1937 in Deutschland als die Nationalsozialisten regierten. Hans Fallada bezieht in diesem Roman keine offensichtliche kritische Stellung gegen die faschistische Politik der Nationalsozialisten, was die Veröffentlichung seines Romans zu der Zeit in Deutschland verhindert hätte. Aus meiner heutigen Position heraus erscheint mir eine Positionierung gegen den Faschismus als sehr wichtig und ich möchte deshalb die politischen Verhältnisse unter denen der Roman entstand nicht außer Acht lassen. Es ist allerdings schwer diesen Roman als einen politischen Roman zu lesen, da sich Hans Fallada in seinem Roman *Wolf unter Wölfen* nicht direkt zu den politischen Verhältnissen während der Entstehungszeit des Romans äußert.

Auffällig an diesem Roman erscheint mir die Vielzahl der verschiedenen Charaktere. Schon der Titel „Wolf unter Wölfen" deutet darauf hin, dass es um das Zusammenleben der Menschen miteinander geht und das Überleben in der Gemeinschaft. Der Titel bezieht sich auf die Theorie des engl. Philosophen und Staatstheoretiker Thomas Hobbes und sein naturrechtliches Gesellschaftskonzept. Die Aussage „homo homini lupus" (dt.: „der Mensch ist dem Menschen ein Wolf") dient ihm als Beschreibung für den Naturzustand des Menschen. 'Wolf' bezeichnet in Hobbes methodischem Individualismus das von Natur aus egoistische und individualistische Naturwesen. Die Folgen, die sich aus diesem Zustand ergeben, sei der „Kampf aller gegen alle" (lat. Bellum omnium contra omnes). Die Theorie auf die der Titel bezug nimmt besagt, dass der Mensch nur an das eigene Überleben denkt und impliziert das Fehlen von Mitmenschlichkeit im Wesen des Menschen. (Als Quelle diente mit ein Aufsatz von Andrea Rudolph mit dem Titel „Das Bild als Strukturgröße in Hans Falladas Roman ‚Wolf unter Wölfen' (1937)")

Die Zeit in der der Roman spielt sind die Jahre 1923 und 1924 in Deutschland während der Inflation. Fallada beschreibt diese Zeit als eine

Zeit, in der die Menschen sich für ihr Geld nichts mehr zu essen kaufen konnten und sich durch den Verlust des Geldwertes in ihrer Existenz bedroht sahen. „Es ist hungrige Zeit, Wolfszeit" (S.160) heißt es an einer Stelle im Roman, eine Zeit in der jeder nur an das eigene Überleben dachte. Aus dieser gesellschaftlichen Situation heraus gibt es verschiedene Äußerungen, die sich auf den Titel des Buches beziehen.

Sophie Kowalewski überkommt ihren inneren Konflikt beim Klauen, mit den Worten: „Wer nicht nimmt dem wird genommen, wer nicht beißt der wird gebissen!" (S.408)

Auch die Hauptperson Wolfgang Pagel eröffnet seiner Mutter: „[...] das hungrige Wolfrudel fletscht gegeneinander die Zähne – wer stark ist, lebe! Aber wer schwach ist, der sterbe!" (S.160/161) Wolfgang Pagel spricht diese Worte, als er sich aus der Bevormundung der Mutter befreit und damit auch jegliche finanzielle Unterstützung verliert. Bis dahin befand sich Wolfgang Pagel in einer Lage, in der er sich um seine finanzielle Existenzgrundlage keine Sorgen machen. Eine Rolle bei der Lossagung von seiner Mutter spielt seine Freundin Petra. Petra Ledig hat sich in die totale Abhängigkeit von Wolfgang begeben. Im Gegenteil zu der Mutter die ihren Sohn finanziell unterstützt, ist es in der Beziehung zwischen Wolfgang und Petra, Wolfgang, der Geld beschaffen geht. Er versorgt Sie, dafür kritisiert sie nie sein Verhalten, dies steht entgegen der Bevormundung die Wolfgang seitens seiner Mutter erfährt. Als Wolfgang Pagel sich aus der Beziehung zu seiner Mutter löst, tut er dies auch mit dem Bewusstsein der Verantwortung, die er gegenüber Petra hat. Als er sich allerdings von seiner Freundin verraten fühlt, ändert sich seine Einstellung. Niemand ist mehr für ihn da, werder seine Mutter noch seine Freundin. Es ist ein Gemütszustand, der dem von Hobbes beschriebenen Naturwesen des Menschen am nächsten kommt. So schlägt Pagel noch am gleichen Tag die Hilfe zweier alter Bekannter vom Militär aus, mit den Worten: „Heute kämpft jeder für sich allein – und gegen alle." (S.299)

Wolfgang Pagel ist meiner Meinung nach die Hauptperson des Buches weil er im ganzen Buch und besonders zu dessen Ende hin ein bedeutender Handlungsträger ist. Ein weiteres Indiz dafür, dass dieser Charakter im Roman eine wichtige Rolle spielt ist auch, dass sich sein Spitzname „Wolf" im Titel des Romans wiederfindet. Ich möchte zeigen, dass man mit Hinblick auf Wolfgang Pagel den Roman als einen Entwicklungsroman lesen kann.

Zu Beginn des Romans ist Wolfgang Pagel ein abhängiger Mensch. Er ist nicht nur vom Geld seiner Mutter abhängig sondern auch vom Glücksspiel. Seine eigene Sichtweise auf die Dinge ist allerdings verzerrt. Er sieht das Glücksspiel als Broterwerbsquelle. Doch als er an einem „Glückstag" ohne Unterlass gewinnt, ist es für ihn die Erfüllung seiner Träume, und dabei geht es ihm nicht um das gewonnene Geld, sondern um das Gewinnen als solches. Als das ganze Geld, das er an dem Abend gewonnen hatte bei einer Polizeirazzia beschlagnahmt wurde, tut dies seiner Freude keinen Abbruch. Nach diesem Ereignis betritt Pagel im weiteren Verlauf des Romans keine Spielbank mehr. An diesem Tag sagt Wolfgang Pagel sich nicht nur von Mutter, Petra und dem täglichen Glücksspiel los, sondern verlässt auch Berlin, die Stadt in der er bis dahin lebte. Dieser Bruch im Leben Pagels geschieht mitten in der Inflationszeit. Pagel sagt sich los von allem, woran sein Herz hing und besinnt sich nur auf sich selbst. Falladas Charakterisierung Pagels nach dem Verlassen von Berlin und seiner Ankunft in Neulohe, zeigt allerdings, dass auch an Pagels Person etwas verlorengegangen ist. So beobachtet ein Zuchthausaufseher als er Pagel kennenlernt: „Es war kein Leben in ihm, er ging nicht aus sich heraus, er begeisterte sich nicht, er erzürnte sich nicht. [...] Er war, wenn man an ihn dachte, wie durch einen Schleier gesehen, unscharf, verschwimmend – als lebe er nicht, als vegetiere er bloß, als habe sein Gefühlsleben eine Lähmung erlitten." (S.531)

Es zeigt sich das ein Mensch, wie Wolfgang Pagel, der der Meinung ist, er brauche die anderen Menschen nicht und man könne sich auf niemanden außer sich selbst verlassen, in den Augen der anderen an Menschlichkeit eingebüßt hat. Gefühle gehören zum Menschen dazu, es erscheint aber das Gefühle nur in Zusammenhang mit anderen Menschen möglich sind.

Als Wolfgang Pagel erfährt, dass Petra ihn nicht verlassen hat, entdeckt er seine Liebe zu ihr. Sie ist die Motivation für ihn zu leben und sich zu entwickeln. Durch die Liebe zu Petra hat Wolfgang Pagel auch das Vertrauen zur Menschheit wiedergefunden und schließt Freundschaften zu anderen Menschen, wie zum Beispiel zu Amanda Backs oder hilft anderen Menschen, wie zum Beispiel dem Förster Kniebusch. Als er nach viereinhalb Monaten nach Berlin zurückkehrt unterscheidet er sich sehr von dem Wolfgang Pagel, der Berlin verließ. Er hat ein Ziel im Leben – er studiert um einmal Psychiater zu werden. Ein Beruf, in dem er anderen Menschen helfen wird. Seine Beziehungen zu Mutter und Freundin sind im Gegensatz zu vorher weniger von Abhängigkeit geprägt. Denn obwohl Pagels Mutter Wolfgang Pagel sein Studium finanziert, traf er die Entscheidung über den Beruf, den er erlernen will, selbst.

Auch seine Freundin Petra macht eine Entwicklung durch, die zu Beginn der Erzählung parallel mit der von Wolfgang Pagel verläuft. Petra Ledig erkennt im Angesicht einer Kokain-Abhängigen auf Entzug, ihre eigene Abhängigkeit von Wolfgang Pagel. Ihr Verhältnis zu Wolfgang Pagel erscheint durch den Vergleich mit der Kokainabhängigkeit in einem sehr negativen Licht, als etwas, das ihr die Kraft zu Leben nimmt. Als sie sich sich auf geistiger Ebene von dieser Abhängigkeit befreit, fühlt sie sich verloren und einsam.

Petra hat „ein Gefühl äußerster Verlassenheit [...] mit seinem Eisehauch angeblasen und alles in ihr erstarren lassen." Es heißt weiter im daraf folgenden Satz: „Am Ende war jeder ganz für sich allein – was die anderen taten sagten trieben, es war nichts.", so ihre Gedanken. (S.362) Auch dies ist eine Anspielung auf die Theorie Hobbes. Dennoch ist Petra nicht alleine, denn sie erwartet ein Kind, ein Kind, dessen Leben von ihr abhängt. So nimmt sie noch in der gleichen Nacht in der sie sich aus der Abhängigkeit zu Wolfgang befreit und ihre eigene Verantwortung anerkennt, Hilfe von einer fremden Frau an. Petra befindet sich daraufhin in einer für diese Zeit stabilen finanziellen Lage. Im Weiteren Verlauf des Romans spielt ihre eigene Entwicklung keine Rolle mehr, sondern ihr

Charakter erfüllt die Funktion Wolfgangs Entwicklung zu beeinflussen, durch die Liebe, die er zu ihr empfindet.

Die Erfahrungen der beiden Charaktere Wolfgang Pagel und Petra Ledig widerlegen Hobbes Theorie, auf die sich der Titel des Buches bezieht. Erst lösen sich beide Charaktere aus der Abhängigkeit von anderen Menschen, erkennen aber dass die Beziehungen zu anderen Menschen wichtig sind. Wolfgang Pagel und Petra Ledig handeln nicht egoistisch. Wolfgang Pagel und Petra Ledig zeigen Werte wie Mitmenschlichkeit und Hilfsbereitschaft, Werte die entgegen dem Naturwesen stehen, das Hobbes beschreibt. Gerade im Angesicht des Werteverlusts des Geldes, das viele Menschen in eine Existenz bedrohende Situation bringt zeigt Fallada in den Figuren von Wolfgang Pagel und Petra Ledig menschliche Werte.

Ich denke man kann den Roman durchaus als Kritik an Hobbes Theorie lesen. Eine Kritik an der nationalsozialistischen Diktatur in Deutschland lässt sich allerdings nur sehr schwer herauslesen.

Zwei Faktoren zeigen aber eine positive Einstellung gegenüber der Politik in Deutschlands im Roman. Zum einen ist es der Charakter des „Dicken", der aus dem Polizeidienst entlassen wurde, wegen „nationaler Gesinnung" (S. 808) und beschrieben wird, als ein Mann, der „das Böse haßt": „Er sieht böse aus, aber er haßt die Bosheit, sein Haß treibt ihn ruhelos umher." (S.884) Das Böse ist in diesem Fall der Entführer eines fünfzehnjährigen Mädchens. Hier ergibt sich für mich ein Widerspruch, denn der Charakter teilt mit den Nationalsozialisten die nationalistische politische Einstellung, andererseits haben die Nationalsozialisten aber eine Gemeinsamkeit mit dem Entführer des Mädchens, den „der Dicke" als das Böse hasst, und zwar die Entmenschlichung von anderen Menschen.

Zum Zweiten kann man Falladas Äußerungen im Vorwort zu der Erstausgabe von *Wolf unter Wölfen* als Übereinstimmung mit der nationalsozialistischen Politik lesen.

Am Roman selber ist es für mich allerdings kaum möglich eine bestimmte politische Linie zu erkennen. Dass ich eine bestimmte politische Positionierung von diesem Roman erwartet habe, liegt daran, da ein Schweigen zu den Ereignissen unter der Diktatur in Deutschland einem Einverständnis mit der Politik gleichkommt, die unter den damaligen Umständen nicht nachvollziehbar ist. Ich bin zu dem Schluss gekommen, dass es dennoch Mut bedurfte, um am Nationalsozailismus Kritik zu üben, da die Folgen solcher Kritik Existenz bedrohend waren.

Der Charakter Wolfgang Pagel spricht im Verlauf der Handlung über seine Erkenntnis was für ihn Mut bedeutet: „ich habe einmal geglaubt Mut wäre das, aufrecht zu stehen wenn eine Granate platzt, einen Granatensplitter zu aportieren...Jetzt weiß ich es ist bloß Dummheit und Tollkühnheit; Mut heißt auszuhalten, wenn etwas ganz unerträglich ist." (S.907) Pagel ist nicht bereit sich der Granate auszusetzen, die sein Leben zerstören kann nur um Mut zu beweisen, sondern für ihn geht es darum auch Situationen, die ihm das Leben stellt auszuhalten. Ob dieser Ausspruch Pagels aber im Endeffekt etwas mit der Situation des Autors und den Verhältnissen in Deutschland zu tun hat dafür gibt es keine Anhaltspunkte. Außerdem ist diese Definition von Mut natürlich streitbar.

Ich lese den Roman hauptsächlich als einen Entwicklungsroman, vor allem in Bezug auf die Hauptfigur Wolfgang Pagel, in dem Wolfgang Pagel zu einem Menschen wird der sich nicht nur um das eigene Überleben sorgt, sondern auch um das Wohlergehen seiner Mitmenschen. Die Rettung für seine Person ist meiner Meinung nach die Liebe zu einem anderen Menschen, nämlich seiner Freundin Petra Ledig. Diese persönliche Entwicklung in einer Zeit des Wertezerfalls, die Hans Fallada beschreibt sehe ich auch in Bezug auf den Titel und die Theorie, auf die dieser sich bezieht. Andererseits ist für mich allerdings schwierig diesen Roman im historischen Kontext und mit dem Orginalvorwort nicht auch als politisches Schweigen eines Deutschen zu lesen.

Die Zitate entstammen:

Fallada, Hans. 1994 (1937). *Wolf unter Wölfen*. Frankfurt am Main und Wien: Büchergilde Gutenberg.

Literatur:

Fallada, Hans. 1994 (1937). *Wolf unter Wölfen*. Frankfurt am Main und Wien: Büchergilde Gutenberg.

Rudolph, Andrea Dr..2003. „Das Bild als Strukturgröße in Hans Falladas Roman ‚Wolf unter Wölfen'
(1937)", In: hfg, LZN (Hg.). *Hans-Fallada-Jahrbuch Nr. 4*, (S.107-124)